네모 속에 들어온 달

최상경 시집

네모 속에
들어온 달

- 본문 페이지에서 한 연이 첫 번째 행에서 시작될 때에는 〈 표기를 합니다.
- 저자의 의도에 따라 작품의 보조 동사와 합성 명사는 띄어쓰기가 달라질 수 있습니다.

시인의 말

36년의 교직이 끝나는 자리에서 한참을 머뭇거렸다

막다른 골목길에서 아스라이 지나온 길을 되돌아보다가
바람에 흔들거리는 꽃잎을 보았다

다시, 사랑이 그리워질 때마다
끝없는 결핍을 곱씹어야 했다

서투른 내 고백은 아직 끝나지 않았나 보다
감출 수 없는 부끄럼은
꽃 되고 낙엽 되고
그리고 끝내는 바람이 된다

차례

1부
바람이 주머니 속으로 들어왔다

복기復棊	19
다시 별 헤는 밤	20
가까이 사랑하면	22
풍요 속의 외침	24
이건 바람이 아니야 숨이야	25
누가 날려 보냈을까	26
저기, 꽃이 오네요	28
부전자전父傳子傳	29
이 계절로 올 걸 알아서	30
저 멀리까지 민들레	32
주문을 접는 밤	34
아날로그 탈출기	36
네모 속으로 뛰어든 달과 달에 핀 꽃	38
한 방울의 꽃	40
고양이가 된 천사	41

2부

눈꽃이 어느새 꽃눈 되어

거울 아버지	45
간극間隙	46
장마전선을 이마에 걸치고	48
개부심	50
매미	52
꽃눈이 켜지면	54
다시, 두근거려도 될까요	56
끌어안는 대답	58
2월에 태어난 너	60
기차를 타고 사월이 내리는 역으로 갑니다	62
모래시계	64
떠나온 자들은 울지 않는다	66
지척咫尺의 함수	68
한 켤레 그리움을 신고	70
보드라운 엄마의 거친 발	72

3부
일만 개의 낮과 밤

거기 외로운 곳에 가로등이 서 있습니다	77
초록물고기	78
일산 가는 길	80
어떤 울음은 끊을 수가 없다	82
십자가, 연꽃 피는 나무	84
바닥의 세족례	86
집사가 된 고양이	88
어떤 개는 길들지 않는다	90
가로수길을 걷다	92
속삭이는 선물	94
봄은 그냥 오지 않아	95
비상대책위원회 왈曰	96
뻐꾸기는 무엇으로 사는가	97
사월의 바다	98
호외號外	100

4부
그대로 거기 멈출 수 없겠니

장미	105
가만히 바라보는 사월	106
블라디보스토크의 봄	108
붉은 밤	110
바다로 간 짐승	112
눈물한계선	114
시계에 갇힌 사계	116
연꽃과 여인	118
순천만 갈대 성	120
홍콩 표류기	122
해후邂逅	124
그래도 함께라면 좋겠습니다	125
을사년의 봄	126
슬그머니의 시간	127
크린산세멈 멀티콜엘로우	128
멈추지 않는 가을	130

해설 _ 기억의 리듬학과 전후의 거울	133
김학중(시인)	

1부

바람이 주머니 속으로 들어왔다

복기復棋

기억 속 바둑판 암호를 푼다

밤새도록 찾아다닌
잃어버린 신발

이쪽에서 저쪽 발끝까지
직진할 수 있을까

아무렇지도 않은 듯
아무 일도 없는 듯

파도에 뒤엉킨 발자국

넘지 못한 키를 재는 동안
하얀 돌, 새까만 돌
다시 그 자리쯤에 놓는다

그제서야 서걱이는 발아래
묵직한 점 하나

다시 별 헤는 밤

허리가 잔뜩 휘어진 활
머뭇거리는 손끝

군복에 달린 해진 계급장
제멋대로 춤추는 어둠의 그림자
길 잃은 군중의 으르렁거리는 소리
십자가 제단 밑에는 자기 알을 품은 철새
온통 밖은 야단법석입니다

성난 시위를 떠난 눈먼 화살들이
꼬리를 흔들며 날아다니는 밤
아무리 눈을 감아도
오늘 밤은
쉬이 잠이 오지 않을 듯합니다

목마른 짐승처럼
낙하하는 운석처럼
숱한 예배당 십자가가
자꾸 서러워지는 밤

〈
아무래도
당신이 다시 십자가를 지고 있나 봅니다

가까이 사랑하면

행복은 동화 속에만 살지 않아

한 계단 한 계단 기어오르는
천상길 향한 야곱의 사닥다리

틸틸 미틸*
날개 접은 파랑새를 보았니?

꽥꽥꽥 꽥액
저 숲에 사는 푸른빛 소리
개구리 소리 같기도 하고
오리 소리 같기도 해

거저 주는 선물
공기 물 바람 꽃 그리고 인연

그거 알아, 틸틸 미틸
파랑새
네 속에도 산다는 것

눈을 꼭 감으면 보인다지

비우면 더 잘 들린다지

* 동화 『파랑새』의 주인공 남매.

풍요 속의 외침

문명을 통째로 삼켰다

0과 1의 만국 공통 언어
아날로그와 디지털을 넘나드는
풍요의 신神

스마트폰 천하통일
전화 문자 SNS 카메라 내비게이션
알람 일정 관리 뱅킹 계산기 메모장
게임 녹음기 인터넷 플레이스토어 등등

지하철에서 사라진 책
자기 안 울타리에 갇혀 사는 짐승들
밤새 몸을 파는 갈渴한 영혼
스스로 알몸이 되어가는 호모 사피엔스

유리 감옥 속
전라全裸의 한 점 미끼에
길드는 자칭 창조주의 절규

거기 누구 있어요?
거기 누구 없어요!

이건 바람이 아니야 순이야

바람 빠져 시든 풍선처럼
가슴에 달고 사는 훈장 하나
삼십 년 지기 기관지 확장증

분필 가루 마시며 지킨 교단
허파 가득 바람 든 욕심
잔기침 대수롭지 않게 여긴 무심
그렇다면 그것도 일종의 직업병

잔뜩 성난 코로나 습격에도
끄떡없이 견뎌준 고마운 내 풍선
다시 빵빵할 일 있을까마는
바람 가득한 날들의 추억은 은퇴선물

너도 풍선 터질 듯
잔뜩 꽃바람 든 적 있니?
가슴에 달고 사는 훈장 하나 있니?

가슴 터져도 좋으니
펌프질하는 사랑은 있니?

누가 날려 보냈을까

종이학이 날아왔다

폭풍우에 허물어진 논두렁에도
햇살에 갉아 먹힌 잎사귀에도
여름 내내 지친 땀구멍에도

서성이는
동네 어귀 키다리 아저씨
집을 향해 그림자 길게 드리운다

구멍 송송 뚫린 심장 속
상처 아물어 떨어지는
누런 딱지에서 짙은 살냄새가 난다

알록달록 새긴 그리움
배부른 종이학
뭉그적거리다가
살짝 날갯짓하려다가
가을을 담는다
훌렁훌렁 옷을 벗은 가을을 품는다
〈

문득
바람이 주머니 속으로 들어왔다
올가을엔 나도 너를 담아
붉어지든지
노랗든지

저기, 꽃이 오네요

자기 계절 따라
저마다 다른 성장점

자세히 보니
스멀스멀 돋아나는 가시
그 또한 성장일지라도
내미는 손마다 다가갈 수 없는 아픔

벌써 가시나요?

여물기 전
뚝 떼어 내야 하는
가시라면 어쩌지요?

꽃보다 먼저 가시면 어떻게 하지요

부전자전 父傳子傳

글자 처음 배울 때처럼
삐뚤빼뚤 좌우로 흔들흔들
감을 잡기 힘든
첫 자전거 타기

아빠를 바라보는 아이의 걱정
아이를 바라보는 아빠의 걱정

놓지 마
걱정 마

벌써, 자전거는 저만치
멀어져가는 등에 꽂히는 미소

닿을 듯 말 듯
서로 바람이 되어주는
동그란 두 개의 바퀴

파란 하늘이 피식 웃는다

이 계절로 올 걸 알아서

온 산 불타오른 뒤 더 슬픈 잿빛
속살까지 내비치는 앙상함
가을이 떠난 자리
낙엽만 수북한 굽이굽이 연곡사 계곡
무심한 바람만 바쁘다

이 핑계 저 핑계 때늦은 방문
조마조마한 마음에
얼굴 붉어진 지각생

연곡사 계곡 초입 붉은 단풍
지각생, 너라도 있어 좋다

기다림은 어디서 배웠을까
꺾이지 않은 믿음은 또 누구에게 받았을까

이제야 그 빛깔 닮다
이제서야 그 마음 담다

오래전 눈 빠지게 기다린 지각생
아침 내내 교문에 붙들린 마음

가을 떠난 그 자리에서
다시 붉게 물들어 간다

저 멀리까지 민들레

하얀 홀씨가 바람에 흩날린다
버려진 땅 보도블록 틈
멈추면 보이는 노란 아이들

나는 바닥에 주저앉아
홀로 아이들을 살피는 사람

3년이 지나면 떠나는
누구는 대형 현수막을 걸고
누구는 노란 수술이 달린 사각모에
졸업장 한 장 달랑 쥐고

하얀 밀가루가
동천 바람을 타고 오를 때처럼
흐려지는 시야

마트에서 우연히 마주친 하늘이
뒤에서 내 눈을 꼬옥 가린다
죽도봉 기슭 오두막에 살던
조손가정 하늘이
〈

꽁지 빠진 닭이 된
까까머리 꽃대는
마지막 홀씨까지 후욱 불었다

주문을 접는 밤

내가 그쪽을 쳐다보는 만큼
그녀도 이쪽을 바라보고 있을까

오스트리아 호텔리어 미소
홍콩의 길거리 여인
싱가포르 학교 선생님
오키나와 레스토랑 기모노 아가씨
영국 독일 핀란드 교실
블라디보스토크 항저우 푸껫 치앙마이 웰링턴 눈망울
스페인 톨레도에서 마주친 낯익은 얼굴

수만 번 설렘 뒤의 만남
축 늘어진 카세트테이프 같은 그리움

깜깜할수록 더 잘 보이는 바깥
12층 창가 절벽에 기댄
깨알 같은 주문을 접어
까만 종이비행기를 날린다

바람이라도 불어 줄까
지구 저편 나비의 춤을 출까

〈
빛이 기록된 빛을 보지 못한 필름
포말처럼 제 길로 총총총 날아가고

어둠을 빠져나온 사진들은
저만치서 이쪽을 응시한다

아날로그 탈출기

동굴 속 뒹굴거리는 우상
변태를 반복하는 애벌레

어딜 감히 그만하면 됐어
녹슨 철창살이 스크럼을 짜고
거미는 줄곧 팔뚝만 한 밧줄을 토해내며 칭칭 감아 돈다

익숙한 기질
말랑말랑해진 돌덩어리는 찰거머리처럼 달라붙어 흡혈하는데
차오르는 수은주 얼마나 더 버틸 수 있을까

연필과 종이 떠나보낸 지 오래
벗어던진 실오라기 같은 아날로그

배운 게 도둑질인데
이대로 포맷할 수 있을까

제멋대로 맴도는 116개 암호화된 문자
진화일까 퇴화일까

〈
어쭙잖은 나비 한 마리
외줄 와이파이를 타고
두꺼운 벽을 기어오르는 카오스

네모 속으로 뛰어든 달과 달에 핀 꽃

달이 네모 속으로 들어왔다

네모난 집
네모난 교회
네모난 학교
네모난 책
그 속으로 구겨 넣어지는 아이들까지

검은 장막을 드리우고
심장의 모서리를 깎는 밤

직진의 꿈
직립의 고통
아직도 끝나지 않았다

얼굴을 바꾸며 달거리 하는 달님은
나쁜 피를 흘리는
네모 속으로 들락거린다

달님도
별님도

오래된 내 꿈도
우주 수평선에 선다

네모난 내게 들어와 사는 꽃잎들처럼

한 방울의 꽃

그냥 돋지 않는 가시
거추장스러운 모든 면面
선線으로 바꾸며
사막에 푸른 대로 뚫는다

10년을 버티며 더 뾰족해지는 가시
태양의 심장 깊이 꽂은 바늘
번쩍이는 번갯불 빨아들이는 피뢰침

기어이 신의 손톱 밑 찔러
새벽마다 배급되는 이슬 한 방울
허기짐에 빨아들이는 울음

가시는 눈물 흘리지 않는다

햇살이 모래알을 달굴수록
검은 사막은 사브라꽃을 낳는다

고양이가 된 천사

길모퉁이에 갓 난 고양이 한 마리

어미를 잃은 새끼
울음소리조차 배우지 못한 슬픔

천국에서 찾아온 천사는
이레 만에야 눈을 떴다

희미한 알전구가 매달린
네모난 지구 안에서
엄마 젖꼭지를 닮은 젖병을 빤다

주황색 달이 꺼진 밤
목구멍에 걸린 가시가 빠졌다

미하일 천사의 터진 웃음 사이로
밤하늘의 별빛이 반짝인다

야옹 이야옹

2부

눈꽃이 어느새 꽃눈 되어

거울 아버지

아침마다 거울 속 아버지가
걸어 나온다

남기신 낡은 면도기 들들거리면
당신은 여전히 나의 거울
나의 사랑입니다

새벽 입김에 흐려지는 거울
손으로 슥- 문지르면
당신을 닮아가는 그림자 하나

당신은 여전히 나의 거울
간절한 물음과 질문입니다

당신이 그리울 때마다
거울 밖에서
자꾸 닮아보는 거울 속의 나

내 속이 다 비칠 때까지
내가 나에게 내리는 지엄한
명령이 들립니다

간극間隙

제단祭壇 밑 배부른 해亥
주렁주렁 통통한 젖줄

순천만 갯벌 칠게처럼
이 구멍 저 구멍 들락날락 숨바꼭질

십자가 갉아 먹고 사는 생쥐

두 손을 연신 비벼대며
두 개의 앞니
날카롭게 갈고 또 갈고 있다

발정 난 생쥐

성잔聖盞에 부은 축배
거룩한 침실로 들락거리며
어두운 자궁 속에
가룟 유다를 잉태한다

틈, 빛과 어둠 사이
〈

해는 저물어 갈지라도
아직 밤은 멀다

장마전선을 이마에 걸치고

한밤
창밖을 서성이는 나그네

장대비가 하늘을 뚫고
깃발을 꽂은 자리마다 꽃은 지고
밤이 깊습니다

굵은 비
쉬이 잠들지 못하는 밤

나와 나그네 사이
경계는 그다지 중요치 않습니다
멀든지 가깝든지
서로 마주 보면 되니까요

시간의 벽을 넘어온 별들처럼
밤거리에 피는 꽃들처럼
밤새도록 진을 친 그리움

창밖의 남자는

기압골의 중간 지대를
다 헤아릴 듯합니다

개부심*

며칠 동안이나
비에 젖은 그녀
반쯤이나 옷이 벗겨진 채
그 자리에 웅크리고 앉아 있다

한여름 춤추는 잠자리는
날개를 접고 저만치서 응시할 뿐
뚫린 하늘 구멍으로
잔뜩 핏대 세운 빗줄기
수없이 빗금을 그어 댄다

집 모퉁이에 장승처럼 서 있는
축축한 우산
다시 그리워져
한참 동안 그녀 곁에 서성이고
흠뻑 비에 젖은 소년이
술빵처럼 부풀어 오른 책을 안고
그녀를 바라본다

밖은 다시 비가 내린다
〈

꽃도 젖고

소년도 젖고

내 책 속 그리움도 젖어가고

* 장마에 큰물이 난 뒤 한동안 쉬었다가 한바탕 내리는 비.

매미

절절해지는 울음소리
저기, 사랑이 오시는가 보다

이래저래 잠 못 드는 밤
빙빙 돌아가는 선풍기 바람에
낮의 기억들이 훨훨 날아다닌다

이래저래 잠 못 이루는 밤
따개비처럼 창밖에 달라붙은
끝없는 통성기도

너도 나처럼 목청껏 울어야
사랑이 오는가 보다
나도 너처럼 죽을 만큼 아파야
사랑이 춤추려나 보다

불타는 너의 몸짓에
햇살은 뜨겁게 달궈졌다

네 사랑이 올 때까지는
울어도 괜찮아

〈
사랑은 거저 오지 않으니까

꽃눈이 커지면

끝이 무뎌진 바람
눈치껏 눈을 쓸어내고 있다

떠나기 싫어하는 눈은
설레는 눈빛으로
닫힌 창을 기웃거린다

그러다가 산이 되고
나무가 되고
자동차도 되는데

봄이 오는 길목
봉긋한 눈꽃이 어느새 꽃눈 되어
나를 기다리고 있을지 몰라

눈치 빠른 봄이
무뎌진 나를 끌어안은 이월
이불 속이 축축하다

눈길 괜찮을까
〈

설설 기면 되겠지
아니면 설레든지

어제가 입춘이었지

다시, 두근거려도 될까요

내게 온 서른다섯 개 설렘

기나긴 겨울방학보다
짧은 봄방학이 좋았지요

코끝 간질거리는 새 책 냄새
기다리는 아이들 다가오는 봄

일 년 내내 아플지라도
감질나는 봄방학이 좋았지요
떠나보내는 아쉬움 뒤
다시 채워지는 교실
입속에 맴도는 새 이름들

이젠 아득한 수천 개의 별

다시, 내게 온 봄방학
갓난아이처럼 재잘거리는 시어詩語

몸에 밴 보냄과 기다림

바지런히 서성이는 봄

다시, 두근거려도 될까요

끌어안는 대답

엄마의 전화기
단축기 1번
시도 때도 없이 걸려 오는 전화

왜요?
밥 먹었냐?
걱정하지 마세요. 엄마도 세 끼 잘 챙겨 드세요
차 조심하고
예

하루에도 몇 번씩
일급 위치 추적기 작동 중

어릴 적
캄캄한 밤 뒷간 갈 때
'아부지' 하면
'그래, 나 여기 있다'라며
문 앞까지 동행하신 아부지 생각난다

외롭다는 것

그립다는 것

아버지를 부르던 그때처럼

2월에 태어난 너

개학을 기다리는 2월
진한 책 내음 풀풀 나는 그리움
네가 그렇다

그리움이 깨어나는 2월
친구 선생님 봄꽃
너도 그렇다

13월의 월급
연말정산 환급액 기다리는 쏠쏠함
남은 여백 같은 여유로움
그런 2월을 꼭 닮은 네가 좋다

생명의 달 2월
꽁꽁 언 땅 뚫고 피어나는 기운
위로 뻗치는 물오름

마르지 않은 가지처럼 푸른 너

문득 찾아온 보물

너라서 참 좋다

너의 이름만 가지고도 살 수 있겠다

기차를 타고 사월이 내리는 역으로 갑니다

그녀의 봄 사월

그녀는 아득히 먼 나라에 있습니다 느린 기차가 사는 개울이 있고 간이역도 그대로입니다 간혹 책가방을 들어주는 사내아이의 발그레지는 귓불을 못 본 체하곤 하지만 차창밖에 나비가 춤출 땐 검정 교복 위 넓은 하얀 깃이 흔들거립니다 기차를 좋아하는 그녀, 간혹 경전선을 타고 부산으로 광주로 훌쩍 떠나기도 합니다 아마도 어릴 적 그 나비가 유혹하나 봅니다 비 오는 날이면 노랑 장화를 신고 빗물 웅덩이를 첨벙첨벙 걸으며 부러워하는 아이들과 촐랑대며 하얀 덧니가 살짝 보이도록 웃고 있습니다

그녀는 아스라이 먼 저편에 있습니다 말수가 적고 착한 아이라는 부러움은 껌딱지처럼 달라붙어 가위로 싹둑 잘라야 할 것 같습니다 내어주고 또 내어주다 수축하는 그림자를 따라간 것은 순전히 그런 쪽에 가까울 것입니다 동화 속 공주처럼 살고 싶지만 기다리는 왕자는 아직 오지 않은 듯, 서너 시간은 더 기다릴지도 모르지요

역광장에서 한참 동안 서성이는 그녀는 시골 학교 관

사에 두고 온 꿈을 기어이 만나러 가려나 봅니다 등에 짊어진 꽤 무거워 보이는 가방 받아 줄 착한 소년을 기다리는 동안 햇살이 춤추며 이마에 내려앉습니다

모래시계

구순을 바라보던 아버지가 떠나신 후 60대 그의 그림자와 마주친다
바다가 여자에 빠지든
바다가 달에 빠지든
나는 30년 산 아버지 그림자에 빠졌다

바닥 드러낸 채 벌러덩 누운 바다, 달과 젊은 여자는 보물창고 속으로 기어들고 밤을 기다리는 아이들은 하나둘 숫자를 세며 갯벌에 자기 집을 짓는다

달에 빠진 바다
매일 두 번씩 주거니 받거니

바다에 빠진 여자
물때 따라 서는 장터 단골손님

여자에 빠진 달
수시로 변장하는 가면

아버지의 갯벌에는
꽃게 낙지 짱뚱어 꼬막 기와집

달과 바다와 동네 여자들, 그 아이들이 세 들어 산다

꼭꼭 숨어라
시계 바닥 보인다

잡으려는 자
잡히지 않으려는 자
진땀 나는 숨바꼭질

꼭꼭 눌러쓴 누런 일기장
기어이 바다를 찾아 떠난 아버지

떠나온 자들은 울지 않는다

당신, 귀빠진 날 기묘년 시월 열나흘
열아홉 살 꽃가마 타고 이십오 리 길 시집와서 스무 살에 큰아들 낳고 3남 1녀를 두어 막내 여동생의 엄마로 사신 당신, 세간붙이 쪼들리는 시댁에서 조카들 돌보며 바다로 간 시계, 허벅지까지 차오르는 무게, 갯벌 바닥에 팔뚝까지 집어넣어 낙지를 잡은 날은 횡재한 날이었다지요 태양이 기울어지는 팔월의 시퍼런 바다 놀란 가슴 목청껏 부른 이름 그 길로 바닷길은 하늘로 뚫렸지요 엉망진창 산통을 겪고 나서야 그 바다는 하늘이 되었죠

떠나보낸 바다
아브라함이 고향을 떠난 이유는 아니어도 뻘밭에서 끄집어 올린 돌에 핀 석화처럼 말년에 홀로 된다는 것 죽기보다 무섭다 집 떠나와 새 하늘과 새 땅 철쭉 홍가시 남천 꽃나무 가꾸는 고흥댁, 쉴 새 없이 돌아가는 선풍기 날개에 힘이 빠지는 날 기둥 같은 남편 보내고 이듬해에 생때같은 자식까지 앞세우니 한쪽 머리 지워졌겠지요

휴대전화 단축번호 1번
당신의 기억 속에 사는 번호 3개 결번 하나 시도 때

도 없이 울리는 전화벨 소리, 당신의 SOS 잃어버린 기억을 찾아 언제라도 택배기사 되지요 억지스러운 고집 울지 않으려는 몸부림 잃어버린 것에 대한 강박관념 잊혀 간다는 것은, 어떤 죽음보다 무겁다 해마가 떠나는 바다는 오랜 기억을 하나하나 바다 밑창에 내려놓는다

  오늘도 전화벨이 울린다

지척咫尺의 함수

마음이 지척이면 천 리도 지척

지척이 천 리이고

차로 40분 마음만 먹으면 한나절이면 다녀올 수 있는 거리 암팡진 모습으로 솟구친 금전산金錢山 보물들이 하산하여 마을 수호신이 된 민속 마을 선사시대부터 수문장은 지척의 거리에서 걸어오는 발자국 소리 묵직하게 세고 있다

육십갑자 시간이 켜켜이 쌓이고

아버지의 아버지부터 어머니의 어머니부터 층층이 쌓인 땀 〈태백산맥〉 끝자락에 똬리를 틀고 앉은 성곽 5리 길에는 그곳을 지키려는 바람이 산다

쫄깃쫄깃한 벌교 고막 같은 낙안댁 누런 베적삼 사이로 축 늘어진 젖가슴을 내밀고 동네 어귀에 서서 600년 동안 기다리는 할머니, 안방까지 훤히 들여다보이는 나지막한 돌담길 대사리 문, 제 무게를 이기지 못하고 넘어진 담벼락에도 담쟁이넝쿨이 연둣빛을 품어내고 손바닥만 한 텃밭엔 작약이 소녀의 젖가슴처럼 탱탱하게 차오

르고 곧 터질 듯 송알송알 앵두는 시집갈 날을 손꼽아
기다리는 듯

   심장은 두근거리고

동헌 마당에 뒤로 손이 묶인 채 무릎 꿇린 죄
'네 죄를 네가 알렷다'
추상같은 질문

노부부의 결혼 60주년 시간여행
전통결혼식, 때마침 흘러나오는 국악

햇살도 그리움도 팽팽해지는 지척의 거리
잠에서 깨어난 돌들은 내리사랑의 함수를 푼다

한 켤레 그리움을 신고

마루 구석에 웅크린 신발 한 켤레
아버지는 맨발로 가셨다

그 발에 내 발을 넣고
아이처럼 한참이나 마당을 맴돈다
떠나실 때 흘리신 눈물 한 방울

'고맙다 미안하다'

스치는 바람에도 그냥 눈물이 난다

아직, 문밖에 서 계신 아버지
내 나무의 뿌리가 된 아버지
묵직한 뒷모습이 그리운 가을

'고맙습니다 감사합니다'

깊게 파인 발자국은
마르지 않은 그리움
한발 앞서가는 발자취는
꺼지지 않은 등불

〈
이젠, 내 발로 걸어야 할 차례
아이들의 웃음 사이로
가을바람이 발가락을 간지럽힌다

보드라운 엄마의 거친 발

막 잠이 든 엄마 발은
뿌리째 드러누운 나무다

길고 성한 발가락이
살을 삼키는 밤마다
부드러움은 부끄러움이 돼가고

닳고 꼬부라진 발가락
갈라지고 딱딱한 발바닥
긴긴 시간의 벽을 짚는 동안
오븐에서 갓 구워낸 바게트 향이 난다

뻘밭에 묻고 남은 발자국
갯바람에 간이 밴 맨발
긴 장화가 터질 듯 벌겋게 부은 날
그 발을 주무른 아이는 훌쩍 커 버렸다

아버지의 기일
옷장에서 막내가 사준 신발을 신고
중력을 이기지 못하는 발이 웃는다
〈

'이것 우리 딸이 사준 거다'
'비쌀 텐데…'

메마른 껍데기 속에서
구십을 바라보는 노구의 발은
홀로 잔뿌리를 품고 아침을 기다린다

3부

일만 개의 낮과 밤

거기 외로운 곳에 가로등이 서 있습니다

우리 동네 보안관
돌아오는 자식 기다리는 부모

일 년 삼백육십오 일
교대근무도 없고
흔한 월차도 없는

극한 직업 야간 근무
선 채로 사는 가로등

때론 꾸벅꾸벅 졸다가
잔바람에도 번쩍 눈뜨는 너
몸에 밴 지독한 직업병

네 곁을 맴도는 밤
우린 서로 닮았나 보다

초록물고기

시월에서야 그가 내게로 왔다

그늘진 낯빛
벤치 위로 쏟아진
일만 개의 낮과 밤

지천명知天命이 된 열여덟 소년
가을이 돼서야 내게로 왔다

어느 빛깔보다 설레는
어느 바람보다 아픈
그가 내게로 왔다

그림자가 지날 때 기억되는 것은 그리움뿐

기억 상자의 시계는
유통기한이 없다
돌아서는 나무는
가을 잎새를 닮아간다
〈

눈에 밟히는 뒷모습이 팽팽해진다

순천발 용산행 KTX는 3시 19분

일산 가는 길

임 만나러 일산 가는 길
당신이 가신 것처럼
한사코 자가용 마다하고
순천역에서 출발한 KTX 종착역

남쪽 끝에서 북쪽 끝 일산 가는 길
그리움만큼 딱 그만큼
빨라진 행신행 512호 열차

주일이면 교회학교를 찾아다니며
아이들 이름을 불러주며
한껏 기를 세워 주신 늦깎이 목사
개척교회 23년
삶으로 보여준 목회
은퇴 후 훌쩍 일산으로 떠난 지 20년
자꾸만 당신이 보고 싶어지는 것은
단지 그리움 때문만은 아닙니다

보고 배울 선지자가 없는 세대
부모를 잃은 아이들처럼
숱한 밤을 헤매는 깜깜함

〈
이제 아이들이 자라나 어른이 되어가니
당신이 서신 자리
어떻게 지켜 내야 할까요

1박 2일 일산 가는 길
당신은 벌써 차디찬 역전에 나와 계시겠지요

어떤 울음은 끊을 수가 없다

너도 한패牌지?

'꼬끼오'
두 천년을 이어온 애끊은 소리

여덟 개의 발가락 곧추세우고
힘껏 푸드덕거리는 두 날개
벌겋게 핏기 돋은 볏

폐부를 찌르는 창
목구멍 깊이 쏟아져 들어오는
아직 식지 않은 그 피
온몸 울부짖는 세포들

'꼭이요'
'꼭이요'

새벽마다 닭으로 사는 베드로
하늘 빛줄기 찾는 갈망
〈

사순절 세이레 기도
너도 거기 있었는가?

십자가, 연꽃 피는 나무

십자가, 연꽃 피는 나무

잎사귀 그늘 하나 없는
온통 하얀 세마포
내 마음은 사순절 고난주간입니다

백목련
북쪽 하늘 그리운 북향화
임을 향한 일념
발을 곧추세워 보아도
당신은 쉽사리 보이지 않습니다

새 언약
나무에 달린 연꽃
하루 이틀 사흘 더해가는 사랑
한 방울 두 방울
순백 보혈 뚝 뚝 뚝

그 자리,
조금 있으면 새로운 세상
벚꽃 환희로 되살아나겠지요

〈
오늘 새벽기도는
좀처럼 마침표가 보이지 않을 듯합니다

바닥의 세족례

바닥은 끝이 아니라 시작이다

너는 바닥을 보았니?
그 차디찬 바닥을
진흙이 잔뜩 달라붙은 신발로 짓밟힌 서러움을

내 변명 같은 것은
아무도 귀담아듣지 않아도 괜찮아

바닥이 보여?
바닥이니?

부끄럼 부러움 부드러움은
한 끗 차이

저들은 구겨진 상자 속으로
앞다투어 마구 집어넣기에 신이 났지

날개 꺾인 새
새끼 잃은 어미
담 높은 집을 지을 수 있을까?

〈
바닥에 누워 하늘 보았니?

벌레처럼 등짝에 기어다니는 우상
타오르는 갈증
숨 막히는 가위눌림

아프니까 십자가다
바닥이니까 별이다

예수의 발을 씻긴 향유로
당신은 밤마다 내 발바닥을 닦는다

집사가 된 고양이

 타페툼˚ 반사층에 호기심 가득 찬 눈 날카로운 송곳니 편리할 대로 넣고 빼낼 수 있는 발톱이라니

 우리 동네 골목대장 떼거리로 몰고 다니는 누리꾼, 사냥감 찾아 어슬렁어슬렁 폼생폼사 제법 그럴 듯 담벼락이나 나무에 올라 경비대장 노릇도 하고, 시궁창에 득실거리는 쥐새끼 '야옹' 한 마디로 제압하며 착한 머슴처럼 으스댄다 때로는 꼬리를 흔들며 재롱떨며 제법 뛰어난 연기력으로 본색을 잘도 감추는 두 얼굴의 집사

 날이 밝으면 마음 내키는 대로 양지바른 곳 꿰차고 늘어지게 잠을 자는 꼬락서니, 밤새 무슨 짓을 한 거야 코 묻은 떡이라도 뺏어 먹어 저리 배부르나 앞집 잔치 초대 받았나 옆집 생선 한 마리 훔쳐 먹었나 뒷집 사내아이 꼬드겨 밤새 그 짓을 한 거야

 밤이면 밤마다 게슴츠레 뜬 일자형 단춧구멍 속으로 세상 욕심 다 빨아들여, 번득이는 커다란 도둑의 소굴이 된 눈 먹잇감을 찾는 굶주림 호시탐탐 몸을 낮추는 비열함 빠른 반사 능력 탁월한 유연성 능수능란한 언변 독기 서린 발톱 제대로 위력을 발휘하면 누군가는 또 그들 잔

칫상의 진상이 된다

 얼굴만 보면 영락없는 착한 호랑이 할아버지, 말만 들으면 평화와 번영의 아이콘, 나는 어린 왕자 고양이는 좋아하지만 능글맞은 집사 고양이는 어쨌든 싫다

 * 라틴어 '타페툼 루시둠Tapetum Lucidu': 고양이 망막 뒤쪽에 있는 반사판.

어떤 개는 길들지 않는다

내 속에 사는 동물 한 마리
좀체 길들지 않는 짐승

길모퉁이 대문 앞
〈개조심〉

목줄과 목줄 거리
짧으면 짧아서 좋고
길면 길어서 좋다

반가움 딱 그만큼
두려움 딱 그만큼

촐랑거리는 꼬리
원죄가 벌렁거리는 건가
발바닥이 간지러운 건가

꼿꼿이 세운 언어
가랑이 사이로 숨기는 자아

혓바닥을 쭉 내밀고 헐떡거린다

〈
낑낑거리는 밤
똥이 마려운 건가
사랑이 고픈 건가

세상에 이유 없는 충견은 없다

가로수길을 걷다

길이 뚫리고부터 길을 잃었다

앙상하게 하늘을 받치고 선 나무를 보았니?

길이 뚫리고부터였지 척박한 땅에 강제 이주한 중앙아시아 고려인처럼 가장자리에 띄엄띄엄 무덤을 파고 꽁꽁 싸맨 채 심어졌을 때가
두 줄로 도열한 나무는 사열을 받듯 꼿꼿하게 선 채로 핏줄을 그리워하며 깊이 땅굴을 파고 그리움을 묻었다지

빠름을 위한 것일까 느림을 위한 것일까

차가 달리면 바람이 따라간다 깊은 밤에도 눈을 부릅뜨고 꼬리를 흔들며 뿡뿡 뀌어대는 방귀는 어쩌고, 숙면은 어림도 없지 고개를 숙인 채 졸고 있는 가로등이 부럽겠지

어둠의 무게만큼 몸부림치는 푸르름
저쪽에서도 이쪽이 보일까
점점 시들어가는 뿌리들 얼마나 더 버텨야 초록의 세

상이 될까
 봄이 와야 될 일이다

 오늘은 가로수를 따라 걷기로 한다
 사각에 갇힌 무덤 차디찬 콘크리트마저 뚫고 나오는 그리움 억압마저 가둘 수 없는 기다림
 땅속에서는 벌써 봄이 시작되었나 보다

 걷는 동안 수십 대의 차가 스쳐 갔다
 설렐 시간도 없이 질주하듯이 바라볼 시간도 없이 제 길을 가는 어둠처럼 그때마다 나무는 하늘이 되고 그렇게 나는 바람이 되고

 그날 밤 볼은 불그스레해지고 숨이 차올랐다
 이만 보를 걸은 발바닥은 간질거렸다

 잠 못 이루는 그 가로수처럼 밤새도록

속삭이는 선물

열두 살 소년에게로
파란 옷 입은 소녀가 왔다

바라만 보다가
그저 바라만 보다가
만지다가
슬그머니 만지다가

사랑에 빠졌다

파피루스에 피로 새긴 언약
66권 31,102절 암호 코드
한 겹 한 겹 손길 닿은 속살마다
속삭이는 사랑의 서사시

광야 어둠을 지나
머리끝에서 발끝까지
모공을 열고
막힌 벽을 헐었다

그렇게, 소년은 백발이 되어서도
닳고 닳은 소녀를 껴안는다

봄은 그냥 오지 않아

주인공 없는 둑방 길 환영식
올까 말까 망설이는 꽃몽우리

부재不在
어디야
선생님, 죄송해요 늦잠 잤어요
기다릴게

오지 않는 것은 아이가 아니라 나일까?
온종일 눈이 가는 교문 통

결핍
애들아, 너희에게 고기가 있느냐?
없나이다

초라한 믿음
창자 끝까지 타들어 가는 울림
피차 애타는 골든타임golden time

봄은 그냥 오지 않는다지요

비상대책위원회 왈曰

'매달린 팝콘 먹으며 순천順天 하세요'

동천 하늘 회의장
수십 마리 비둘기 가족
잠시, 지친 날개 접었다

회색빛 도시
턱 밑까지 들이닥친 해방군
숨죽이는 훼방꾼
비상대책위원회 열다

4월 초하루부터
되살아나는 순천만 국가정원
갈대밭 바다로 이어지는 초록 세상은
장엄한 세대교체를 고할 거다

이미 와버린 봄이니

뻐꾸기는 무엇으로 사는가

알 맡길 어미 새를 어떻게 고를까?
숙주 어미 새를 무슨 수로 기억하지?

남의 둥지에 탁란托卵 하는
얌체 같은 철새
시치미 뚝 떼고
둥지로 날아든 울음

목청 돋워 숙주 찾는 불한당
슬그머니 죄를 잉태하고
통째로 삼키려는 욕심

잡힐 듯 잡힐 듯 잡히지 않는
허공을 맴도는 낙인烙印들

뻐꾹뻐꾹 뻐뻐꾹

시시때때로 내 몸을 갉아 먹고 사는
뻐꾸기 한 마리

머리 위로 날려 보낸다

사월의 바다

구조선, 노란 종이배를 띄워 보낸다
바다는 바다를 탓하지 않아도 잊지 않을 거라고

축축한 팽목항 울부짖음, 뒤엉킨 교사와 아이의 삼백 아홉 개의 꿈은 바다 왕국으로 걸어갔다

항구의 토끼는 거북이를 기다리지만 거북이는 오지 않았다

수많은 기억들이 들락거리며 화인 맞은 좌표를 지우려 할수록 바닷길은 대로가 되고 쇳소리가 나는 바람은 군대처럼 창창하게 행진한다

먼바다로 떠나간 새
팽목항의 노란 약속

끝나지 않은 사월의 물음들
서러운 눈물 한 바가지
깊은 한숨 무서운 파도를 깨우고
생가슴 찢고 나온 그리움
〈

바다 깊숙이 똬리를 틀고
두 눈이 커다란 심해어가 되었다

하얀 갈매기가 떼 지어 날아오른다

호외 號外

제주 4·3 사건 추모제
직박구리 박생이¹ 몸으로 울었다

2024. 3. 29.
제주 과수원 텃새
독이 든 귤 쪼아 먹다 떼죽음

끝없는 욕망과 상실의 밤
유혹과 탐심 사이 흥건한 원죄

겨누어진 손가락 총
실제 죽을 줄 몰랐을까
정말 죽일 줄 몰랐을까

해방과 자유의 외침

동백꽃으로 연을 맺은 동박새
붉은 피를 토하고 스러진다

삼다도 바람에 꽃잎 휘도는 날
직박구리는 하얀 꽃상여를 뒤따라갔다

⟨
암만 그래도, 제주의 봄은 온다

* 동박새 제주 방언.

4부

그대로 거기 멈출 수 없겠니

장미

음울한 회색빛 도시 뒷방
기로岐路에 선 짐승들
이별의 키스를 하고
시베리아 검은 하늘을 따라갔다

홀로코스트 4·3 10·19 5·18
두 눈이 뽑힌 후의 군화 발소리
덩그러니 찢긴 겁먹은 눈
벌겋게 부릅뜬 채 초점을 잃은 눈

죄와 벌
꽃과 벌
따돌림 학교폭력 데이트폭력 가정폭력 묻지 마 살인
네모난 세상 모난 짐승들이 가진 모서리

자기 무덤을 파헤치고 나온 낙인烙印
거울 앞에서 짙은 화장을 한다

키 작은 시베리아 봄
하얀 종이 위에 핏방울 하나 꾹 찍는다

가만히 바라보는 사월

사월이 잔인해?
혹 그러기를 바라는 것은 아닐 테고

일기예보

새벽 5시 40분부터 오는 비, 아직 깨어나지 않은 새는 둥지를 지키고 있다 땅 밑에서 올라오는 흙냄새, 거리의 축축함이 가랑이를 타고 오르며 코끝을 간질거린다 어디에선가 닭 울음소리 고요를 깨고 닭장은 아침을 맞이한다 늘 그랬듯 침대를 적신 것은 눈물만이 아니다 이명耳鳴 귓속에 살고 있는 타인의, 세상의 시끄러움 때문만도 아니다 날이 밝으면 닭장 속의 닭은 더 이상 울지 않는다 아주 가끔씩 자기가 낳은 알을 보고 깜짝 놀랄 뿐, 혹은 뒤늦은 존재감을 알리고 싶기 때문일지도 모른다

표면장력

비에 젖은 봄, 누구는 떠나가고 누구는 깨어나는 시간 그 길에서 서로 인사를 나눈다 한결 부드러워진 가지마다 물방울이 맺힌다 아파서 흘리는 눈물은 아니다 차마 떨어지지 못하고 지켜주는 마음이다 만유인력처럼 하늘에서 봄의 뿌리까지 링거주사 꼽겠지만 찰나 아주 짧은 멈춤, 존재하는 것은 각자 우주 하나씩 품고 초침을 잰

다 이대로 햇살이 돋아나면 반짝거리다가 사그라들겠지만 물방울은 울지 않는다

 꽃이 진 자리
 떠날 채비를 마친 꽃잎, 비에 젖어도 슬프지 않다 가야만 오는 것 내려놓아야만 얻어지는 것 사월은 연초록빛 수채화 물감을 풀어 놓는다 종일 봄비는 초록이 되었다 꽃이 진 자리 연초록이 진을 치고 다시 꽃이 되었다 미완의 새벽기도와 함께 산등성 위에 덮인 하얀 이불이 하늘로 올라갔다 가로등은 안갯속에서 횅한 눈으로 가끔씩 지나가는 차들을 무심하게 바라보지만, 줄줄이 오는 꽃은 더 초록이 되고 풍요를 재촉하는 비는 더 낮은 데로 흘러간다

 사월은 내게 왔지만 소유하지 않기로 한다
 그저 바라만 보아도 사랑이니까

블라디보스토크의 봄

총구에서 떠난 총알은 어둠의 심장을 꿰뚫고 새벽으로 치닫습니다

허허벌판 고구려를 이은 해동성국
통역이 필요 없는 말
지평선 너머 녹슨 말발굽 소리
땅속 깊이 묻어온 천년의 땅
어쩌다 드라마에나 나오는 꿈입니다

제국주의의 아가리
빼앗긴 봄을 지피는 아궁이
북간도 서간도 연해주 하얼빈 우수리스크 영웅들
그곳은 빈 무덤뿐
4일간의 복습은 너무나 벅찹니다

통곡의 역驛 라드돌노예
말끔히 차려입는 역사歷史는 더 서럽고 슬픕니다 1937년 구월 초이틀 화장실도 없는 짐 싣는 기차는 영문도 모르는 인간 짐을 쑤셔 넣고 중앙아시아 황무지로 밤새 달렸다지요 고려인의 아픔을 잊은 역사驛숨에는 구인 구직 광고판만 덩그러니, 무성한 잡초는 정적보다 더 무섭습

니다 커피를 팔기 위해 나온 노점상은 도대체 누구를 기다리는 걸까요 자다가 깨어 옷고름 풀린 채 질질 끌려간 어머니 아버지일까요 철모르는 어린 동생일까요

   블라디보스토크에서 시베리아 횡단 열차를 타고 하바롭스크를 찾아 떠나는 밤
   아리랑을 잊어버린 이국땅 황량한 밤하늘 별들은 푸른 눈동자만 간간이 껌벅거릴 뿐입니다

   발해 상경에서 연해주 라드돌노예역까지 흐른 눈물
   아모르 강가에서 잃어버린 아리랑을 긷습니다

붉은 밤

침침한 거울 속에서
소년이 걸어 나온다

화장대 옆 길게 서 있는
잠이 덜 깬 형광등 아래로
거울 속의 그가 나에게로 온다

이편은 소년인데
저편은 늙수그레한 중년
하얀 파뿌리가 된 머리털
주름지고 쭈그러진 심장
어린 소년은 머뭇거리다가
발뒤꿈치를 곧추세우고
가면 속 웅크린 나를 더듬는다

짙은 화장을 하고
까만 색안경을 끼고
혓바닥 숫돌에서 칼을 갈고

밤새 벗겨내는 화장
정수리에서부터 흐르는 피

붉은 밤은 거울 속에 똬리를 튼다

둥그런 각시탈이 떴다

오늘 밤은 네가 내가 되고
내가 네가 되면 좋겠다

바다로 간 짐승

아침이면 거울 앞에서
옷 넥타이 고르고 가면을 쓴다
깻잎을 겹치듯
한 잎 두 잎 겹쳐둔 가면을

변검 하는 짐승의 울부짖음
입을 쩍 벌리는 무덤들

속과 겉은 핫라인

거짓은 죄를 낳고
죄는 거짓을 발설하고
꺾인 날개는 심장을 뚫고
심장은 검은 피를 쏟는다

바다로 간 짐승
속살이 드러난 뻘밭에
날카로운 발톱을 묻는다

물이 바다를 덮고
바다는 깊어지고

그 깊은 곳에서 소녀가 나온다
녹슨 철갑옷을 벗고
달빛에 목욕을 한다

홀로 별 헤는 밤
오랫동안 멈췄던 가슴이 뛴다

눈물한계선

이쪽에 꽃이 피면
그쪽도 봄이면 좋겠다

한 탯줄 달고 난 피붙이
한동네에서 자란 동무
한계를 뛰어넘는 사랑
영문도 모른 채 으르렁거리는 두 마리의 짐승

서로 심장을 겨누는 콩 볶는 냄새
밤낮으로 바뀌는 혼돈
어느 장단에 맞추어 춤을 추어야 할지
그는 묵직한 〈태백산맥〉을 짊어지고 걸어갔다

2박 3일 지리산 종주
초입부터 턱 밑까지 차오르는 헐떡거림
오를수록 발바닥을 적시는 끈적거림
살아 천년 죽어 천년 산을 지키는
수목한계선에 선 나무가 아직 서럽다
〈

하얀 유골에 달라붙어 반짝이는 상고대
그 눈물도 그치면 좋겠다

시계에 갇힌 사계

여순 10.16 밤은 아직도 새지 않았다

생가슴을 도려내는 시선
뚫린 구멍은 꺼이꺼이 울어대며
붉은 낙엽을 토해냈다

죽은 자의 등 뒤에서
침묵하는 산 자의 밤
바람조차도 차마 소리 내어 울지 못하고
애꿎은 가을만 빨갛게 물들였다

애타게 애타게 기다리는 깊은 밤
열어 둔 싸리문 안을 기웃거리는 공포
어디선가 들려오는 콩 볶는 소리에
바르르 떨며 멈춰버린 시계
쿵쿵거리는 심장 박동 소리가 더 무서웠다

끝내 지키지 못한 약속
불빛 하나 없는 무저갱 속으로
구겨진 누런 사망통지서가 날아왔다
〈

그날 밤
만삭이 된 엄마는
시신 없는 그의 약속을
붉은 피로 흥건한 가을 속에 묻었다

찬 바람이 무명 치마 속으로 들어왔다
어둠이 치를 떠는 밤
배 속 생명은 자꾸 꿈틀거렸다

치가 떨리는 서러운 밤은 지나고 먼동이 튼다

연꽃과 여인

여름이 싹둑 잘렸다

인적이 뜸한 골목상권
날개가 꺾인 소상공인들
벽에 그린 한복을 입은 이국 소녀처럼
아침마다 문 앞에 서서
활짝 반겨주었던 소녀들

작은 네모난 자궁 속에서
꿈꾸는 아이가
초여름부터 피운 웃음꽃

흙은 꽃을 낳고
꽃은 하늘을 낳고
흔들거리는 하늘은 바람을 낳고
그해 여름은 모두 바람꽃이 되었고

싹둑 잘려 나간 상처
죽을 만큼 아파도 아프지 않은 슬픔
한 겹 두 겹 옷을 벗은 여인은
다시, 에덴동산에 물을 채운다

〈
아프니까 중심이다
아프니까 사랑이다

바짝 마른 연꽃대처럼
허리가 기역으로 꺾인 엄마가
보행기를 끌고 집을 나선다

순천만 갈대 성

설익은 가을이 기웃거리는 한낮
장대 다리 옆 여순10·19평화공원
벌겋게 물든 녹슨 구조물
칼끝처럼 날카로운 햇살에 번득이고

나뭇잎 하나둘 떠나가는데
빛바랜 사진 몇 장 아직
떠나지 못하고 서 있다

경전선 철길 밑 동천은 제자리만 빙빙 돌며
묵언 수행을 하고
둘러선 죽도봉 남산 삼산은
지금도 오그라드는 심장을 달랜다

적과 아군이 따로 없는 경계선
앳된 군인은 손이 묶인 채
짐짝처럼 어디론가 실려 가고
소리 없는 총성이 아가리를 벌린다

식어버린 밤하늘을 가르는 유성
길게 꼬리를 흔들며

어둠 깊숙이 사라졌다
끝내, 동천 둑길을 따라간 갈대
차마 떼지 못한 발길
순천만 갯벌에 동그마니 성을 쌓았다

'난, 죄 없응께 걱정하지 말드라고'

귓가에 맴도는 마지막 인사
잊힌다는 것은 죽음보다 두렵다

홍콩 표류기

11월 27일
하늘길이 닫혔다

날개 접은 새들
둥지에 웅크리고
졸고 있는 공항 전광판

'canceled'
단호했다

짐을 풀지 못한 채
차디찬 바닥에 앉은 나그네
낯선 그림자들의 웃음소리

막다른 길에서 끊인 그 길에서
떠도는 군중 속에서 고독이 말을 건다

가야 할지
기다려야 할지

슬픈 주머니 속에서

속닥거리는 그리움

내 미련은 아직도 그곳에 있는데

해후 邂逅

그녀는
산모퉁이 외딴섬에서
한참이나 뒤처진 그림자의
무거운 발걸음을 센다

하나 둘 셋…

몸서리쳐지는 기다림

말라붙은 혓바닥
마른 나무껍질처럼 갈라진 살결
병실의 아버지를 닮았다

물길을 가로막고
빨대를 꽂는다
키 작은 그녀가
샤워기를 틀어 목욕하는 아침이다

부끄러운 발자국 사이로
그녀의 초록빛 얼굴이 살짝 반짝거린다

그래도 함께라면 좋겠습니다

아득히 먼 허공을 헤매는 시선들

사방에서 모여든 먹구름 한 줌
반쯤 가려진 하늘 사이로
후드득 비가 쏟아졌습니다

앞만 보고
각기 제 길로 가는 시계들 속에서
종종거리는 숱한 제자리걸음들

보이는 것은 어두운 그림자뿐
시간은 벌써 닫혔습니다

멈춰야 보이는 것들
어두워야 더 잘 보이는 것들

멀리 반짝거리는 빛 하나
저쪽을 응시하는 그리움 하나

당신은 딱 반걸음 앞서가는
나의 숨통입니다

을사년의 봄

다시 온 을사년 삼월

봄은 그리움이 되고
그리움은 바람이 되고

그대의 별은 늘 떨리는 봄이라지요
밤이면 피는 꽃이라지요

들리시나요?
보이시나요?

MRI 조영제처럼 고목에도
봄을 달고 있는 청사靑蛇

수만 개의 낮과 밤은
그리움이 되고
그리움은 다시 청사초롱이 되고

오늘 내 밤은 쉬이 잠들지 못할 듯합니다
별 총총한 그 밤처럼

슬그머니의 시간

딩동딩동, 미술 시간이다

동백이면 동백꽃으로
매화면 매화꽃으로
산수유면 노랑 산수유꽃으로
뽐내는 색칠 공부

팔레트 위
당신 마음 가는 대로
쓱쓱 붓 가는 대로
깨어나는 봄

작은 캔버스 하나에
진땀 나는 초보

지긋이 눈치 보는 바람
슬그머니 내 손 잡는다

크린산세멈 멀티콜엘로우

미장원에서 반기는 그녀
궁금해지는 이름

'이름이 뭐지요?'
'크린산세멈 멀티콜엘로우'

도회지 아파트 이름처럼 어렵다
그냥 노란 할멈이라 불러도 될는지
아무래도 할멈은 싫겠지
'어려워요, 크린맘은 어때요?'
그저 웃는 그녀

내 차례다
짧은 머리 빙빙 감아
별 하나씩 붙이고
뒤집어쓴 하얀 비닐봉다리 위로
빙글빙글 우주선이 떠돈다

보약 같은 커피 향 내음이
나른한 눈꺼풀 건반을 누른다
〈

미장원 아가씨와 함께
우주선을 타고 여행을 떠나는 동안
그녀는 노란 별을 뿌린다

멈추지 않는 가을

입동으로 가는 막차 손님
검은 내 차 위에 앉았다

무수한 시간들이 교차하는
버스터미널 옆 주차장에서

나무 정상에서 뿌리로 가는 사이
무無를 향한 잠시 머문 멈춤

심장이 터지는 그날이 오면
차창 너머로
너처럼 설익은 가을이라도
하나둘 나비가 되겠지

푸르면 푸른 대로
환복하면 환복한 대로
헐벗은 내 가을이 오면
알아볼 수는 있을까
그래서 환대할 수 있을까

나의 한계 밖까지

너의 이름을 부른다

들릴 만큼
들리지 않을 만큼

그대로 거기 멈출 수 없겠니
넌 정말 아름답다˙

어느 가을보다
세상 누구보다

* 파우스트(요한 볼프강 폰 괴테).

※해설

기억의 리듬학과 전후의 거울

김학중(시인)

 시는 상처를 맞아들임으로 인해 리듬을 얻는다. 이 맞아들임은 환대의 실패를 이미 감수하고 있기에 운동하고, 그 운동으로 인해 노래로 나타난다. 우리가 시를 통해 마주하거나 맞아들이지 못한 기억들을 직면해야 할 때, 우리는 이 리듬 속에서 숭고함을 느낀다. 이 숭고는 잊지 말아야 할 기억을 시간 속에서 상실했음을 깨우치기에 일어나는 것이 아니라 오히려 그러한 상실이 치유받지 못한 증거임을 가리키고 있음을 감지하기에 발생하는 것이다. 우리는 잊지 않았다. 다만 그 상처로 찢어진 채로 벌어져 있기에 그 안에 시간이 깃들었고, 그 깃듦의 기억이 사건적인 것임을 잊도록 이끌었을 뿐이다. 시는 이 사건을 우리에게 돌려주는 언어의 리듬이며, 리듬의 사건이다. 이를 통해 시는 언어 자체에 기입된 상처의 움직임을 우리 앞에 도래시키는 것이다.

그 사건은 죽음이다. 죽음은 언어로 우리 앞에 다시 나타나 삶에 고통스럽게 기입된 상흔을 일깨운다. 이 도래를 통해 개별 주체의 삶에 아로새겨진 상흔은 물론이고, 참혹한 역사적 사건으로 인해 생긴 상흔을 나타나게 한다. 그것은 재림하면서 우리 앞에 기억으로 부활한다. 그것이 언어를 통해 현현할 때 시 속에서 우리의 아픈 살을 본다. 데리다는 이러한 시적 언어의 특성에 주목한 바 있다. 그는 『The Work Of Mourning』에서 시란 죽음이 남긴 상흔을 치유할 수도 없고 치유해서도 안 되는 언어 자체의 상처 입은 운동이라고 말한 바 있기 때문이다. 상처 입은 운동으로써의 시적 리듬, 이것은 오늘날의 시에서 희미해지고 있는 시의 본질이며 시를 시답게 만드는 소금과 같은 리듬이다. 그럼에도 이러한 리듬은 점점 희미해지고 있는 고유한 흔적이 되어가고 있다.

그러나 그 고유한 리듬은 시가 우리 앞에 도래할 때마다 다시 그 고유한 언어의 상흔, 그 찢김을 우리에게 환기한다. 그 언어가 일으키는 웅얼거림에 주목하고, 그 언어의 상흔을 잊지 않고 지금 여기에 가시화하려는 시들이 찾아오기 때문이다. 그 리듬을 마주할 때 우리는 마치 성서에서 바울이 그리스도의 복음을 마주할 때와 같은 기쁨을 느낀다. 그러면서 이 기쁜 소식에 비하면 다른 세상적인 것들은 배설물과 같이 여겨지는 신비한 시적 경험을 하게 된다. 시를 읽는 이유는 바로 여기에 있다.

여기에서 살펴볼 최상경의 신작시집 『네모 속에 들어온 달』은 언어의 상흔에 예민하게 반응하고 이를 기억하려는 몸짓들로 꽉, 차 있다. 최상경은 우리의 삶을 단절시켰던 죽음이 야기한 언어적 상흔을 지금 여기의 시간으로 맞아들인다. 이것이 가능한 이유는 베르크손의 '지속'을 경유하여 시적 주체의 주관적 시간성 속에서 언어의 상흔을 운동시키기 때문이다. 잘 알려져 있다시피 베르크손의 '지속'은 주체 안에서 경험하는 시간으로써 연속적이고 유기적인 시간을 말한다. 언어의 상흔이 지닌 운동은 주체의 '지속'을 통해서 망각되지 않고 재구축되는 사건이 된다. 그것은 늘 다른 이름으로 나타나지만 항상 최초의 사건이며 여러 다른 이미지로 나타남에도 끝없이 치유되지 않은 채 반복되어 나타나는 사건의 언어다. 이 상실과 회복의 운동이 우리에게 시로 나타나는 리듬이다. 시는 이 사건을 언제나 다시 불러냄으로 사건을 맞이한다.

이 리듬을 수행하려면 우리는 지금 여기의 양적인 시간의 한계를 넘어 질적 시간에 거주하는 상흔의 이름을 불러내야 한다. 그래서 최상경은 "나의 한계 밖까지/너의 이름을 부른다"(「멈추지 않는 가을」)고 노래하며 그 이름들을 불러온 "무수한 시간들이 교차하는/버스터미널 옆 주차장"(「멈추지 않는 가을」)에 주목한다. 이 리듬이 회복되는 자리는 늘 우리의 곁과 옆에 있으나 동시에 언제나 가로막혀 있던 것이다. 그 벽을 허물기 위해 시적 주체는 "광야 어둠을 지나/머리끝에서 발끝까지/모공을 열고/막힌 벽을 헐"(「속삭이는 선물」)어야만 한다. 그렇게 잊지 않고 우리 안에서 '지속'되는 리듬을 끌어내는 일, 그것이 시 쓰기임으로 최상경은 자신의 시로 우리 앞에 현시하고 있다.

이러한 나타남의 운동은 최상경의 시에서 '바닥'이나 '거울'에 은거하고 있다가 나타난다. 이것들은 '지속'을 매개하고 있고, 죽음의 사건으로 인해 찢긴 것들이다. 최상경에게 이것은 리듬이 '지속'되는 "기억상자"다. "기억상자의 시계는/유통기한이 없다"(「초록물고기」)고 노래하는 이유가 그것이다. 이를 통해 최상경은 자기만의 시적 세계를 구축한다. 최상경의 시는 그렇게 구축하고 도래시킨 시적 세계에 대한 서신이다.

바닥은 끝이 아니라 시작이다

너는 바닥을 보았니?

그 차디찬 바닥을

진흙이 잔뜩 달라붙은 신발로 짓밟힌 서러움을

……(중략)……

아프니까 십자가다

바닥이니까 별이다

예수의 발을 씻긴 향유로

당신은 밤마다 내 발바닥을 닦는다

          - 「바닥의 세족례」 부분

 이 시에서 시적 주체는 "바닥"의 현상학을 수행한다. 그에 따르면 "바닥"은 "시작"이다. "바닥"은 매번 흙발에 짓밟히면서도 "시작"하는 지평이다. 왜냐하면 "바닥"은 늘 고통을 예비하고 있기 때문이다. 그것은 우리의 삶이 시작하는 자리마다 기다리고 있는 것이다. 삶은 고통이다. 그것은 피할 수 없이 우리가 져야 할 것이다. 그러나 "바닥"은 우리보다 먼저 이를 감내하고자 우리보다 앞서서 우리보다 낮은 곳에 있다. 그리하여 "바닥"은 "십자가"가 된다. "바닥"은 우리의 고난과 더불어 늘 함께하며 함께 더럽혀지고 짓밟힌다. 이 고난은 우리의 것이나

"바닥"이 우리보다 먼저 이를 지고 감내한다. "아무래도/당신이 다시 십자가를 지고 있나 봅니다"(「다시 별 헤는 밤」)고 노래하는 이유가 여기에 있다.

시적 주체가 나타난 "바닥"의 현상학을 통해 마주하게 되는 것은 우리가 이러한 "바닥"을 늘 그리워하고 있다는 것이다. 왜냐하면 "바닥"은 우리를 받아주느라 우리에게 비가시적일 때가 많기 때문이다. "시간의 벽을 넘어온 별들처럼/밤거리에 피는 꽃들처럼/밤새도록 진을 친 그리움"(「장마전선을 이마에 걸치고」)을 시적 주체가 느끼는 이유는 이러한 "바닥"의 속성 때문이다. 그리하여 우리는 "바닥"을 보려고 "바닥을 보았니?"라고 물어야 한다. 놀랍게도 우리는 스스로에게 던져야 할 이 질문을 자신에게 던지지 않고, "너"에게 던진다. "너"는 시적 주체와 함께 "바닥"이 대신 우리의 고난을 감내함을 감지한 주체다. 그리하여 시적 주체는 우리가 여기에 있음을 환기한다. 그때에 우리는 "별"을 바라보는 마음으로 "바닥"을 바라보게 된다. "바닥이니까 별이다"는 그렇게 도착한 생의 비밀이며 도처에 가득하지만 겨우 감지할 수 있는 비밀스런 세계의 서신이다.

"바닥"만이 우리를 기억하고 우리의 기억을 새롭게 닦아준다. "예수의 발을 씻긴 향유로/당신은 밤마다 내 발바닥을 닦는다"고 시적 주체가 노래하는 이유가 여기에 있다. "바닥"만이 우리의 상처 입은 언어를 기억하고 우리를 기억하고 우리를 위로한다. "바닥"은 시간의 '지속' 속에서 늘, 우리를 외면하지 않고 기다린다. 그것은 우리를 향한 "믿음"이 있기에 가능하다. 그런 점에서 "기다림은 어디서 배웠을까/꺾이지 않은 믿음은 또 누구에게 받았을까"(「이 계절로 올 걸 알아서」)고 노래할 때, 시적 주체는 "바닥"을 염두에 두고 노래하고 있는 것이다. 이 "바닥"은 우리를 기억하고 지금 여기의 우리에게로 끊임없이 틈입한다.

> 달이 네모 속으로 들어왔다
>
> 네모난 집
> 네모난 교회
> 네모난 학교
> 네모난 책
> 그 속으로 구겨 넣어지는 아이들까지
>
> 검은 장막을 드리우고
> 심장의 모서리를 깎는 밤
> 　　-「네모 속으로 뛰어든 달과 달에 핀 꽃」부분

이 시에서 "달"은 "네모" 속으로 들어왔다. 이 틈입을 시적 주체가 주목하는 이유는 "달"의 "네모"가 세계의 어떤 특성을 환기하고 있기 때문이다. 일단 "달"의 둥긂과 "네모"의 각짐은 서로 대비된다. 문제는 "네모"가 세계를 규정하는 틀로 보인다는 점이다. "네모난 집/네모난 교회/네모난 학교/네모난 책/그 속으로 구겨 넣어지는 아이들까지"에서 볼 수 있듯이 "네모"는 세계에 있는 사물이나 건물은 물론이고 아이들까지 "네모"로 구겨 넣는 틀이다. "달"은 이러한 세계로 틈입하여 "네모"의 세계를 교란한다. 그것이 가능한 이유는 "달"이 시간성을 환기하기 때문이다. 세계는 균일한 "네모"의 세계를 만들기를 강요하는데 "달"은 이를 흐트러뜨리는 이미지이기 때문이다. 이와 유사한 사건은 "거울"과 관련하여 일어난다. 아래의 시 두 편에서 각기 다르면서 유사성을 지닌 "거울"의 사건을 다루고 있다.

    침침한 거울 속에서
    소년이 걸어 나온다

    화장대 옆 길게 서 있는
    잠이 덜 깬 형광등 아래로
    거울 속의 그가 나에게로 온다

〈
이편은 소년인데

저편은 늙수그레한 중년

하얀 파뿌리가 된 머리털

주름지고 쭈그러진 심장

어린 소년은 머뭇거리다가

발뒤꿈치를 곤추세우고

가면 속 웅크린 나를 더듬는다

—「붉은 밤」부분

아침마다 거울 속 아버지가

걸어 나온다

남기신 낡은 면도기 들들거리면

당신은 여전히 나의 거울

나의 사랑입니다

새벽 입김에 흐려지는 거울

손으로 슥- 문지르면

당신을 닮아가는 그림자 하나

당신은 여전히 나의 거울

간절한 물음과 질문입니다

　　　당신이 그리울 때마다
　　　거울 밖에서
　　　자꾸 닦아보는 거울 속의 나

　　　　　　　　　　　　-「거울 아버지」 부분

　"거울"은 이 시에서 시적 주체의 '지속'의 매개체로 나온다. 이때 "거울"은 시간 이미지를 겹쳐 놓고 다른 시간을 틈입시킴으로 인해 지금 여기의 세계가 비가시화하고 있는 것을 환기한다. "침침한 거울 속에서/소년이 걸어 나온다"와 "아침마다 거울 속 아버지가/걸어 나온다"에서 알 수 있듯이 시적 주체가 "거울"에 마주하는 것은 이미 시간 속에서 상실한 "소년"인 자신의 이미지이거나 죽음으로 인해 상실한 "아버지"의 이미지이다. 그것은 과거에 상실한 상흔이다. 그러나 바로 그렇기에 지금 여기의 주체가 서 있는 지평을 비추며 질문한다. "이편은 소년인데/저편은 늙수그레한 중년/하얀 파뿌리가 된 머리털/주름지고 쭈그러진 심장"을 대비시키며, 스스로에게 질문한다. "당신은 여전히 나의 거울/간절한 물음과 질문입니다/당신이 그리울 때마다/거울 밖에서/자꾸 닦아보는 거울 속의 나"가 되는 이유는 여기에 있다. "거울" 속에서 시적 주체가 마주하는 것은 그런 점에서 과거를 복기하는 일이다. 그 복기를 통해서 균일한 시간성 속에서 죽어간 이미지들을 마주할 수 있기 때문이다.

여기에 이르면, 최상경은 우리 삶의 비밀을 여는 리듬이 복기에 있다고 말하는 듯하다. 실제로 리듬의 운동은 운동이 일어난 과거를 반복하는 것이다. 죽음의 사건으로 찢긴 언어의 상흔을 있는 그대로 우리 앞에 드러나게 하기를 시도하는 것, 그것이 리듬이다. 그것은 옆에서 슬그머니 우리 삶으로 끼어들어 오면서 복기의 계기적 사건을 연다. 이때 시는 우리에게 자유롭게 도래한다. "팔레트 위/당신 마음 가는 대로/쓱쓱 붓 가는 대로/깨어나는 봄"(「슬그머니의 시간」)과 같이 우리 옆에서 피어난다. 그 피어남 속에서 복기되는 이미지들은 언어의 상흔을 품은 삶의 비의적 사건이 도달한 지금 여기의 한 "점"을 가리킨다. 과거를 '지속'하며 찾아낸 이미지가 도착한 것은 다름 아닌 지금 여기의 한 지점인 것이다.

기억 속 바둑판 암호를 푼다

밤새도록 찾아다닌
잃어버린 신발
〈

이쪽에서 저쪽 발끝까지
직진할 수 있을까

아무렇지도 않은 듯
아무 일도 없는 듯

파도에 뒤엉킨 발자국

넘지 못한 키를 재는 동안
하얀 돌, 새까만 돌
다시 그 자리쯤에 놓는다

그제서야 서걱이는 발아래
묵직한 점 하나

- 「복기復棋」 전문

   이 시는 "복기"가 근본적으로 가닿을 수 있는 궁극의 "점 하나"를 가리킨다. 거기에 시적 주체가 서 있는 지평이 놓여 있다. 주체에게 세계는 "네모"난 칸들로 구획된 "바둑판"의 이미지이다. 이 세계에서 주체는 "파도에 뒤엉킨 발자국"을 지나쳐 왔다. 여기서 "파도"는 여러 번 되짚고 실패하면서 만들어낸 주체의 경로이다. "파도"는 주체에게 "발자국"이며 둘은 다른 이미지이지만 주체에겐 하나의 경로이다. 그것은 고단한 여정이었다. 이 여정은 "잃어버린 신발"을 찾아 떠난 길이었다. "이쪽에서 저쪽 발끝까지/직진할 수 있을까"라고 나아갈 방향성을 질문하면서, 주체는 세계의 "암호"를 읽어내기 위해 고군분투했다. 왜냐하면 세계는 그가 설 자리를 밀어내며 세계의 집을 만들었기 때문이다. "네모"는 주체에게 허락된 집이 아니라 주체에게 허락되지 않은 집을 포함한 세계였기 때문이다.

그 밀려남 속에서, 그 밀려남의 "파도" 속에서, 파고를 넘고 넘어 여기에 이르렀던 것이다. 그것이 주체의 여정이었다. 그리고 "암호"를 풀었는지 확신할 수는 없지만 상실과 그 상실의 상흔을 감내하며 주체는 "점 하나"로 자신을 지금 여기에 두었다. 그것이 주체의 존재를 나타내는 현상학이다. 이것이 다름 아닌 "복기"이다. 이 "복기"는 자기에게 보내는 자기 현현의 서신이다.

주체는 이 서신과 마주한다. 그때에 주체는 망각을 무화하며 그 무화 너머로 기억을 보낼 수 있게 된다. 그런 점에서 기억의 "암호"는 "암호" 그 자체와 무관하다. "빛이 기록된 빛을 보지 못한 필름"과 같은 속성이 주체의 서신에 있다. 그것은 자신의 바깥을 보려는 끝없는 시도를 하는 것이다. "깜깜할수록 더 잘 보이는 바깥"

(「주문을 접는 밤」)이 거기에 있기 때문이다. 언어의 상흔이 일으키는 운동은 다름 아니라 상흔이 찢겨져 향해 있는 바깥을 향해 있다.

상흔은 언어의 내적 지평을 바깥으로 연다. 그리고 이 열림으로 인해서 주체는 그 지평이 역사와 연결되는 것임을 감지한다. 주체가 복기의 '지속'을 통해 획득한 것은 그런 점에서 기억의 윤리이다. 역사적 사건 속에서 죽음의 지평에 놓여 잊혀지고 있는 사건들을 지금 여기로 불러오는 시적 리듬이 이를 통해 가능해진다. 최상경의 시적 주체가 주체적 지평에서 급작스럽게 역사를 향해 열리는 이유는 바로 이러한 기억의 윤리를 통해 시적 언어의 리듬을 열어젖히기 때문이다. 시적 주체의 "기억 상자"는 그런 점에서 주체의 개별적 기억에만 있는 "시계"가 아니다. 이 "시계"의 시간성에는 언어가 상처를 입은, 죽음의 사건이 일어난 시간성이 기입되어 있는 것이다. 그런 의미에서 시적 리듬은 이러한 사건적 시간이 복기되는 일종의 "역"이 된다. 그것은 시적 리듬에 의해 도착되며, 그러한 도착은 "거울"의 지평에서와 마찬가지로 지금 여기의 시간성을 되비춘다.

통곡의 역驛 라드돌노예
말끔히 차려입는 역사歷史는 더 서럽고 슬픕니다 1937년 구월 초이블 화장실도 없는 짐 싣는 기차는 영문도 모르는 인간 짐을 쑤셔 넣고 중앙아시아 황무지로 밤새 달렸다지요 고려인의 아픔을 잊은 역사驛舍에는 구인 구직 광고판만 덩그러니, 무성한 잡초는 정적보다 더 무섭습니다 커피를 팔기 위해 나온 노점상은 도대체 누구를 기다리는 걸까요 자다가 깨어 옷고름 풀린 채 질질 끌려간 어머니 아버지일까요 철모르는 어린 동생일까요

 블라디보스토크에서 시베리아 횡단 열차를 타고 하바롭스크를 찾아 떠나는 밤
 아리랑을 잊어버린 이국땅 황량한 밤하늘 별들은 푸른 눈동자만 간간이 껌벅거릴 뿐입니다

 발해 상경에서 연해주 라드돌노예역까지 흐른 눈물
 아모르 강가에서 잃어버린 아리랑을 긷습니다
       - 「블라디보스토크의 봄」 부분

 이 시의 배경은 블라디보스토크의 라드돌노예 역이다. 이 역이 "통곡의 역"인 이유는 일제강점기 연해주에 거주하던 조선인들이 소련에 의해 중앙아시아로 강제 이주당한 비극적 사건이 벌어진 장소이기 때문이다. 라드돌노예 역에서 조선인들은 행선지도 통보받지 못한 채 화물

열차와 같은 열악한 열차에 실려 중앙아시아로 보내졌다. 문제는 열차에 타면서 가족들이 다른 열차 칸에 태워지거나 후속 열차에 태워진 경우가 많았는데, 각 열차의 행선지가 달라서 이들은 카자흐스탄과 우즈베키스탄 등지에 옮겨진 후에야 이러한 사실을 알았다. 졸지에 이산가족이 된 이들은 소련의 거주지 이동 제한으로 인해 서로의 생사도 알기 어려웠고 어디로 실려 갔는지도 알지 못했다. 중앙아시아에 강제 이주당한 조선인들은 망국의 슬픔뿐 아니라 강제 이주의 고통을 겪어야 했던 것이다. 그래서 이들은 스스로를 조선인이라고 부르지 않고 고려인이라고 부르기 시작했다. 그런 점에서 고려인이라는 말에는 "통곡"의 기억이 아로새겨져 있다.

 이 시의 시적 주체는 라드돌노예 역에서 이러한 역사적 사건들이 더 이상 기억되고 있지 않음을 마주한다. "고려인의 아픔을 잊은 역사驛舍에는 구인 구직 광고판만 덩그러니" 놓여 있기 때문이다. 역사적 기억을 "역"은 더 이상 기억하지 않지만 시적 주체는 그 "역"에서 역사를 환기한다. 시적 주체는 "커피를 팔기 위해 나온 노점상은 도대체 누구를 기다리는 걸까요 자다가 깨어 옷고름 풀린 채 질질 끌려간 어머니 아버지일까요 철모르는 어린 동생일까요"라고 연상하는 행위를 통해서 지금 여기에 역사적 사건을 불러온다. 이 윤리적인 기억 행위를 통해 시적 주체는 잃어버린 노래인 "아리랑"을 현재의 시간성 속으로 길어오게 된다. 이때에 시는 "아리랑"의 리듬과 친연하다. 그리하여 우리는 "눈물"을 회복하면서 역사가 우리의 언어에 입힌 상처를 통해 시적 언어를 획득한다.

이 회복은 시적 윤리의 회복이다. 이는 "앞만 보고/각기 제 길로 가는 시계들 속에"서 "멈춰야 보이는 것들/어두워야 더 잘 보이는 것들"을 보도록 요청하는 회복이다. 그것을 통해서 우리는 "멀리 반짝거리는 빛 하나/저쪽을 응시"(「그래도 함께라면 좋겠습니다」)할 수 있게 된다. 그리하여 우리는 역사적 사건 속에서 함께 갈 수 있게 된다.

또한, 이 회복은 "잊힌다는 것은 죽음보다 두렵다"(「순천만 갈대 성」)는 공포를 우리 앞에 가시화하면서 거기에서 그치지 않고 고통스런 역사적 순간들에 대한 애도의 가능성을 탐침하도록 이끈다. "죽은 자의 등 뒤에서/침묵하는 산 자의 밤"(「시계에 갇힌 사계」)을 기억하면서 이러한 "밤"을 꿰뚫고 지금 여기에 이 사건의 기억을 도래시켜야 함을 요청한다. 이를 통해 최상경은 제주 4·3사건이나 여순사건과 같은 비극적인 역사를 마주해야 함을 노래한다. 이러한 애도의 요청은 지금 여기를 살아가며 우리가 겪어온 비극적인 참사를 기억하고 애도

해야 하는 것과 연관되어 있음을 노래한다. 시는 기억의 윤리를 통해 역사를 구조할 구조선에 다름아니기 때문이다. 최상경이 세월호 사건에 대한 애도의 시를 도래시키는 지점이 바로 여기이다.

> 구조선, 노란 종이배를 띄워 보낸다
> 바다는 바다를 탓하지 않아도 잊지 않을 거라고
>
> 축축한 팽목항 울부짖음, 뒤엉킨 교사와 아이의 삼백아홉 개의 꿈은 바다 왕국으로 걸어갔다
>
> 항구의 토끼는 거북이를 기다리지만 거북이는 오지 않았다
>
> 수많은 기억들이 들락거리며 화인 맞은 좌표를 지우려 할수록 바닷길은 대로가 되고 쳇소리가 나는 바람은 군대처럼 창창하게 행진한다
>
> 먼바다로 떠나간 새
> 팽목항의 노란 약속
>
> 끝나지 않은 사월의 물음들

서러운 눈물 한 바가지

깊은 한숨 무서운 파도를 깨우고

생가슴 찢고 나온 그리움

바다 깊숙이 똬리를 틀고

두 눈이 커다란 심해어가 되었다

하얀 갈매기가 떼 지어 날아오른다

- 「사월의 바다」 전문

  이 시는 노래한다. "수많은 기억들이 들락거리며 화인 맞은 좌표를 지우려 할수록 바닷길은 대로가 되고 쇳소리가 나는 바람은 군대처럼 창창하게 행진한다"고. 이 행진의 노래는 기억의 윤리를 우리에게 깊게 환기한다. 기억은 힘없고 무력해 보이는 "노란 종이배"에 불과할지 모른다. 그러나 기억은 약속한다. 이 약속은 리듬을 만들고, 그 리듬은 죽음이 남긴 상처를 열어젖힐 파도를 계속 일으킬 것임을 약속한다. 그리하여 "바다는 바다를 탓하지 않아도 잊지 않을 거"라고 노래할 수 있게 된다. 이 리듬은 지금 여기의 우리를 회복시키고 불가능한 애도를 포기하지 않고 시도하게 이끈다.

  이 불가능한 애도가 우리가 죽음을 맞이하도록 이끄

는 노래이다. 노래는 일어나면서 동시에 무너지고 그로 인해 운동한다. 이 애도 작업이 시를 시로 회복시켜준다. 동시에 이전의 시를 애도하며 시의 바깥을 여는 힘을 가시화한다. 이 힘은 주체의 내부에서는 지금 여기에 있는 주체의 위치를 보여주는 "복기"를 수행하며, 역사적 사건 속에서는 그 사건의 의미가 지닌 의미를 묻도록 이끌어준다. 그렇게 하여 리듬은 주체와 역사가 서로 교차하는 시간을 우리 앞에 나타나게 한다. 뿐만 아니라 우리가 마주하는 죽음의 상흔이 기입된 역사적 사건들을 어떻게 마주하는 것이 윤리적인지를 알려준다. 그것이 바로 시적 운동이다.

이 시적 운동은 언어의 상흔을 애도하는 편지이다. 이 애도의 편지를 통해, 우리는 죽음이 우리에게 남긴 상흔을 온전히 감내하고 이를 생의 리듬으로 옮겨가는 비밀이 비로소 시임을 알게 된다. 최상경은 이러한 시적 언어의 힘을 우리에게 보여주고 있다. 이 시집에 실린 시편들이 바로 그 결실들이다.

이 시편들은 기쁘도록 아름다운 회복의 노래이다. 그것은 다시 과거의 아름다운 순간이 다름 아닌 현재의 노래임을 알려준다. 그리하여 우리는 우리의 언어가 입은 상처와 그 상처로 인해 야기된 실패한 경험의 순간이 어떻게 지금 아름다움을 잉태하는지 보게 된다. 그것이 최상경의 시가 아름다움으로 구조해 낸 시의 신호들이며, 그 신호들로 이루어진 비밀의 서신인 것이다. 그것은 여전히 우리가 있는 곳에 그대로 있으면서 여전히 멀다. 그럼에도 다시 우리가 있는 이곳으로 도착할 계절이다. 다시 그 계절의 역으로 인도하는 아래의 시를 마지막으로 음미하면서, 최상경이 앞으로 더 뻗어갈 시적 여정을 기대하며 기다려보자.

그녀의 봄 사월

그녀는 아득히 먼 나라에 있습니다 느린 기차가 사는 개울이 있고 간이역도 그대로입니다 간혹 책가방을 들어주는 사내아이의 발그레지는 귓불을 못 본 체하곤 하지만 차창 밖에 나비가 춤출 땐 검정 교복 위 넓은 하얀 깃이 흔들거립니다 기차를 좋아하는 그녀, 간혹 경전선을 타고 부산으로 광주로 훌쩍 떠나기도 합니다 아마도 어릴 적 그 나비가 유혹하나 봅니다 비 오는 날이면 노랑 장화를 신고 빗물 웅덩이를 첨벙첨벙 걸으며 부러워하는 아이들과 출랑대며 하얀 덧니가 살짝 보이도록 웃고 있습니다

그녀는 아스라이 먼 저편에 있습니다 말수가 적고 착한 아이라는 부러움은 껌딱지처럼 달라붙어 가위로 싹둑 잘

라야 할 것 같습니다 내어주고 또 내어주다 수축하는 그림자를 따라간 것은 순전히 그런 쪽에 가까울 것입니다 동화 속 공주처럼 살고 싶지만 기다리는 왕자는 아직 오지 않은 듯, 서너 시간은 더 기다릴지도 모르지요

역광장에서 한참 동안 서성이는 그녀는 시골 학교 관사에 두고 온 꿈을 기어이 만나러 가려나 봅니다 등에 짊어진 꽤 무거워 보이는 가방 받아 줄 착한 소년을 기다리는 동안 햇살이 춤추며 이마에 내려앉습니다
 -「기차를 타고 사월이 내리는 역으로 갑니다」 전문

상상인 시인선 *068*

네모 속에 들어온 달

지은이 최상경
초판인쇄 2025년 5월 2일 **초판발행** 2025년 5월 10일
펴낸곳 도서출판 상상인 **편집주간** 황정산 **펴낸이** 진혜진
표지디자인 최혜원 **기획·마케팅** 전은빈 최유림 노혜림 정현수
책임교정 종이시계 **편집** 세종PNP
등록번호 제572-96-00959호 **등록일자** 2019년 6월 25일
주소 06621 서울시 서초구 서초대로74길 29, 904호
전화번호 02-747-1367, 010-7371-1871
팩스 02-747-1877 **전자우편** ssaangin@hanmail.net

ISBN 979-11-93093-90-0 (03810)

값 12,000원

* 이 책은 전라남도, 전남 문화재단의 후원을 받아 발간되었습니다.
* 이 책은 전부 또는 일부 내용을 재사용하려면 반드시 저작권자와 도서출판 상상인의 동의를 받아야 합니다.
* 이 도서의 국립중앙도서관 출판시도서목록(CIP)은 서지정보유통지원시스템 홈페이지(http://seoji.nl.go.kr)와 국가자료공동목록시스템(http://www.nl.go.kr/kolisnet)에서 이용하실 수 있습니다.